현미경 상자 군

전류계 군

광물 삼형제

스포이트 고무 군

고무 마개 군

코르크 마개 군

나침반 아저씨

삼각플라스크 군

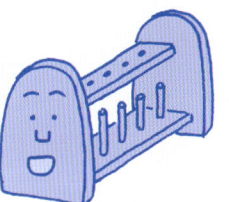
시험관 꽂이 군

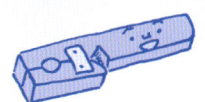
시험관 집게 군

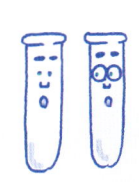
시험관 형제

시험관용 브러시 군

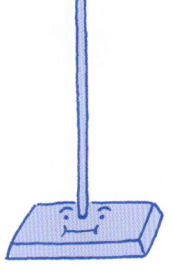
실험 스탠드 군

샬레 남작

집기병 군

지은이 우에타니 부부
화장품 연구원이었던 남편과 캐릭터 디자인을 하던 아내가 힘을 합쳐
과학에 관한 글을 쓰고 그림을 그리고 있습니다.
《비커 군과 실험실 친구들》《비커 군과 친구들의 유쾌한 화학실험》
《최강 청결 히어로 비누맨》 등 재미있는 이야기와 풍부한 상상력이 담긴
책들을 펴내고 있으며, 비커 군을 비롯한 실험 기구 캐릭터 상품 개발에도
힘을 쏟고 있습니다.

옮긴이 김수현
성신여자대학교에서 일본어를 공부하고 졸업 후 도쿄에서 생활했습니다.
《저 독신 아니에요, 지금은 강아지랑 살고 있어요》
《시바견 곤 이야기》 1, 2, 4권을 우리말로 옮겼습니다.

우에타니 부부 지음
김수현 옮김

한겨레아이들

"좋아, 이걸로 완성이다. 오늘 할 일은 끝!"
선생님은 그렇게 말하고 과학실을 나갔습니다.

그러자……

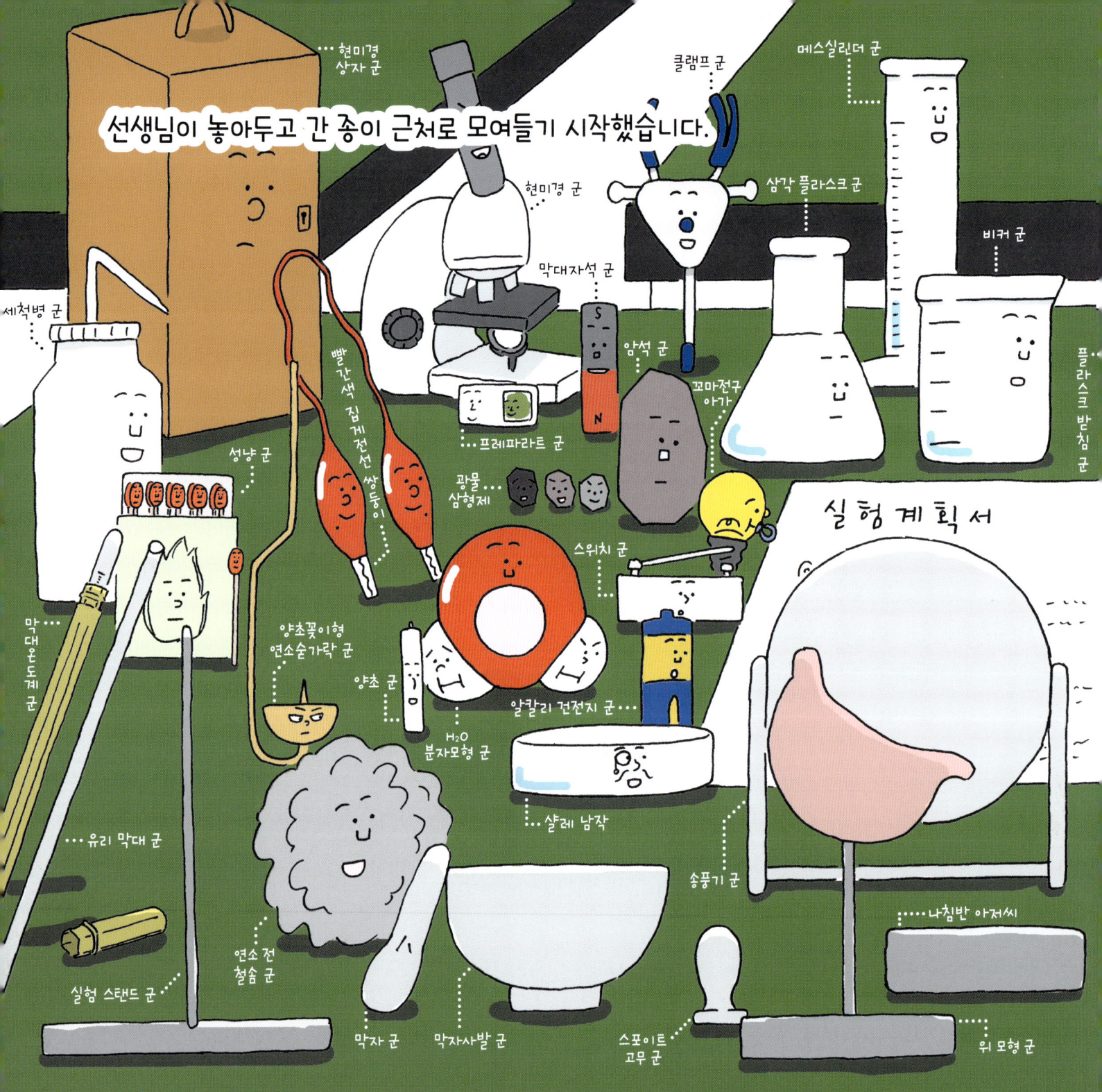

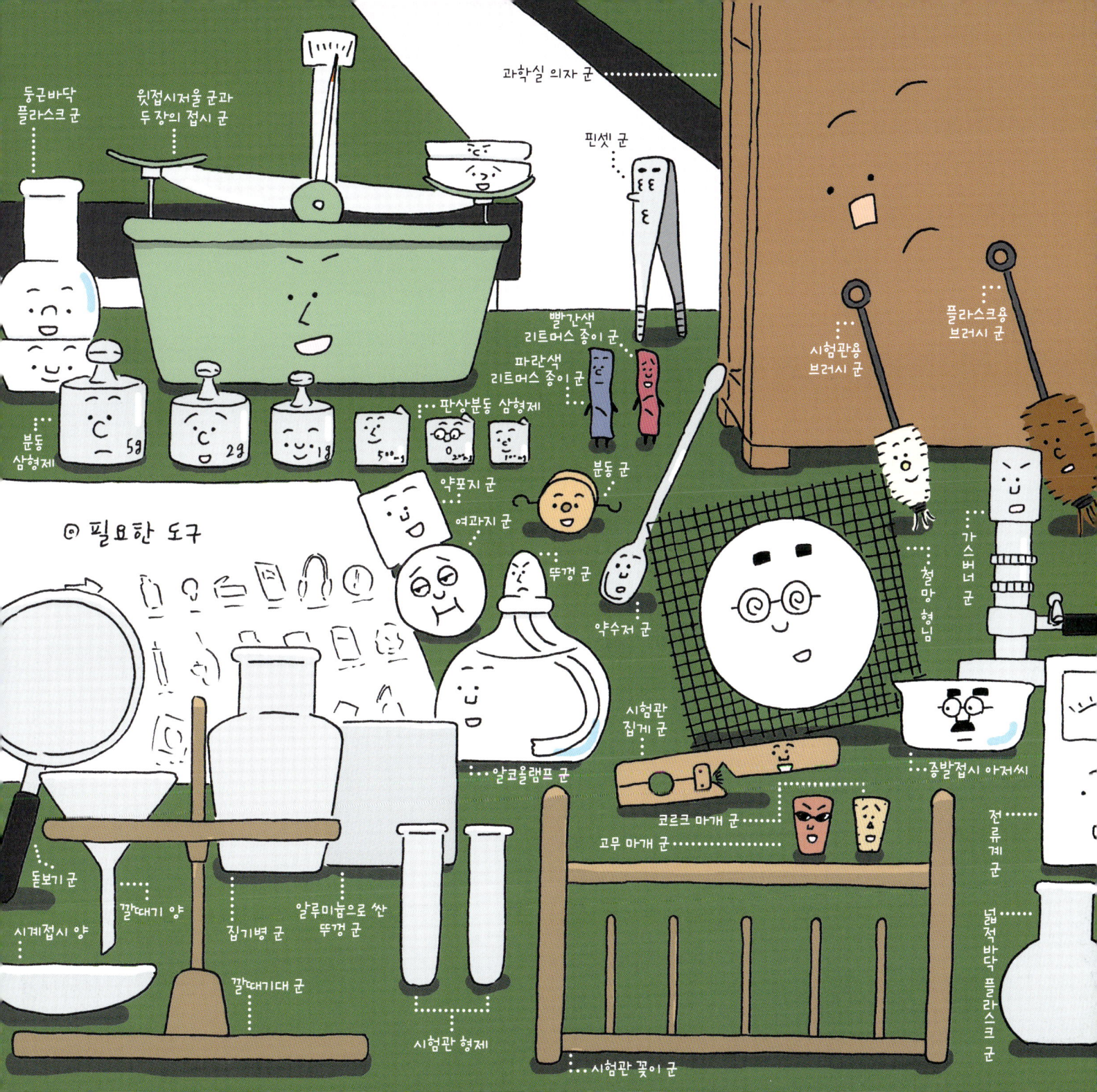

모두 내일 어떤 실험을 할지 궁금한 모양입니다.

"아, 내일은 이 실험이구나."
"야호, 내가 필요하네!"
"나도야."
"우리들도!"

◎ 필요한 도구

전지, 꼬마전구, 스위치, 전류계, 집게전선, 나침반

양초, 연소숟가락, 집기병, 알루미늄으로 싼 뚜껑, 성냥, 철솜

삼각대, 알코올램프, 유리막대, 막대온도계, 약포지, 소금, 물

"좋아, 지금부터 내일 실험을 연습해 보자!"
"와!"

내일 실험에 쓰일 친구들은 한껏 신이 났습니다.

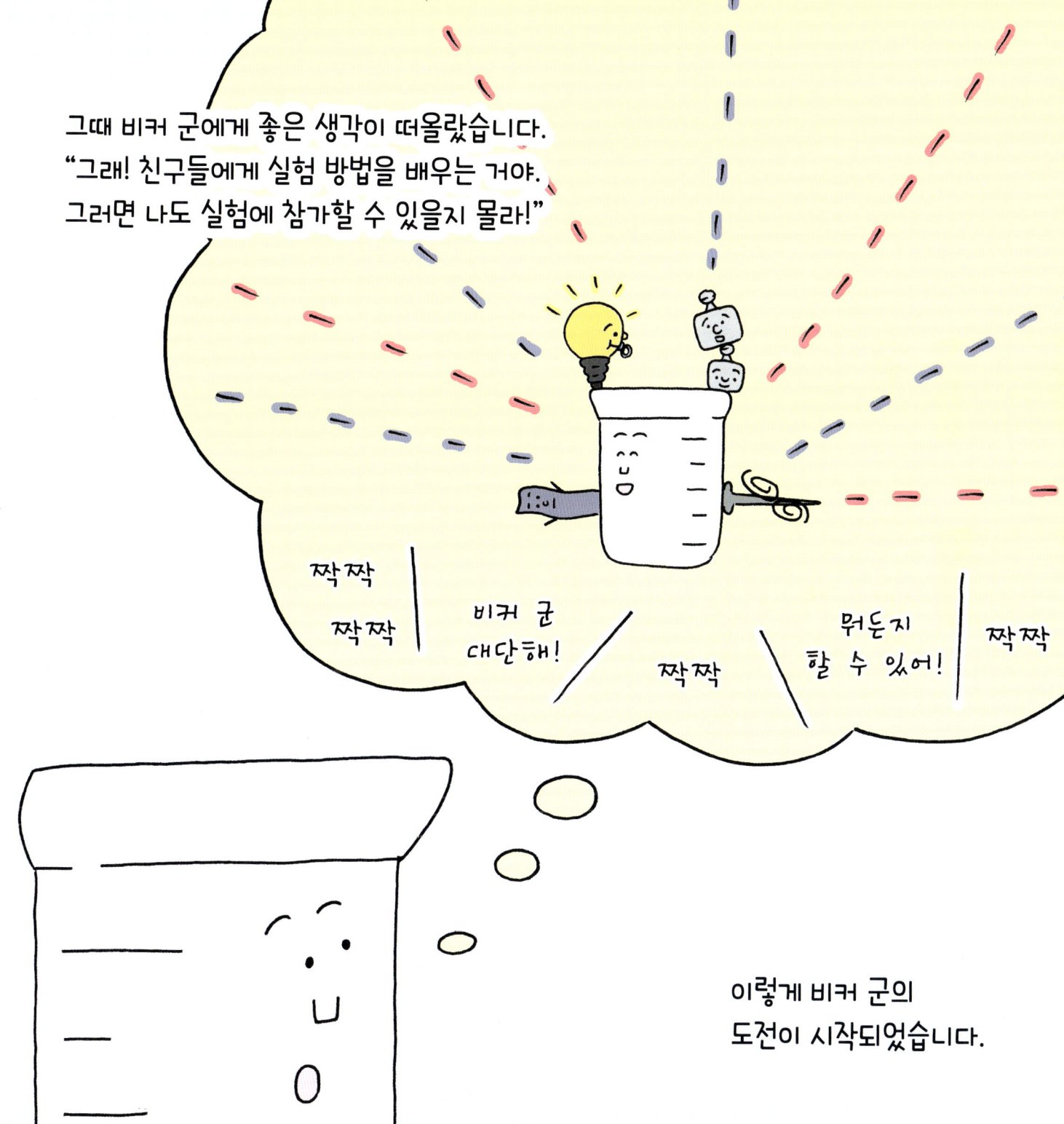

비커 군은 먼저 윗접시저울 군을 찾아갔습니다.

"무게를 측정하는 방법을 나한테도 가르쳐 줄래?"
"방법? 분동 군들을 올려놓을 뿐이야."
"그렇구나. 나도 올려놓아 볼래."

짤가닥짤가닥…….

"무게가 얼마나 되는지 전혀 알 수가 없어!"
"그러고 보니 비커 군한테는 올려놓는 곳이 없잖아."

"이 실험 말인데, 비커 군이 없으면 안 될 것 같아."
알코올램프 군이 말했습니다.
"우리랑 같이 연습하지 않을래?"
약포지 군이 말하자
"같이 연습하자."
"하자, 하자!"
모두가 한목소리로 외쳤습니다.

선생님이 비커 군 적는 걸 깜빡했나 봐.

비커 군이 필요해.

응응

같이 연습하자

비커 군 차례야.

"어? 이 실험은 우리들만으로는 안 될 것 같은데!"
"정말이네."
"그러게, 정말이야."

"거기, 비커 군. 여기 잠깐 와 줄래?"

"실패야……. 다 잘 안돼.
나는 실험에 재능이 없는 걸까?"
비커 군은 완전히 자신감을 잃고 말았습니다.

그때, 실험 연습을 하던 친구들의
목소리가 들려왔습니다.

클립이랑 사이좋게 지내야 해.
찰싹 찰싹 툭

막대자석 군
- 산화철이 주성분
- 전자석 실험에서도 활약

한곳으로 액체를 모으는 거야.
??? 쏴아아

깔때기 양
- 위에서 액체를 따르기 좋은 모양
- 여과 실험에서 활약

듬직하게 서 있기만 하면 좋은 데이터를 모을 수 있어.

백엽상 형님
- 태양열이 잘 흡수되지 않도록 흰색으로 칠해져 있다.
- 온도 측정 실험 등에서 활약

비커 군은 열심히 노력했지만 결국 아무것도 제대로 해내지 못했습니다.

그래도 비커 군은 포기하지 않습니다.
그 뒤에도 친구들에게
이런저런 방법을 가르쳐 달라고 졸랐습니다.

송풍기 군
- 바람 세기를 조절할 수 있다.
- 풍력 실험에서 활약

분동 군
- 무게는 10그램
- 진자 운동 실험에서 활약

돋보기 군
- 배율은 약 3배
- 관찰 실험에서 활약

풍덩.

"으음, 조금 차가운 것 같기도 하고, 미지근한 것 같기도 하고……."
"그렇게 말하면 안 돼, 안 돼. 22.5도잖아.
이렇게 확실하게 말해 주지 않으면 의미가 없어."

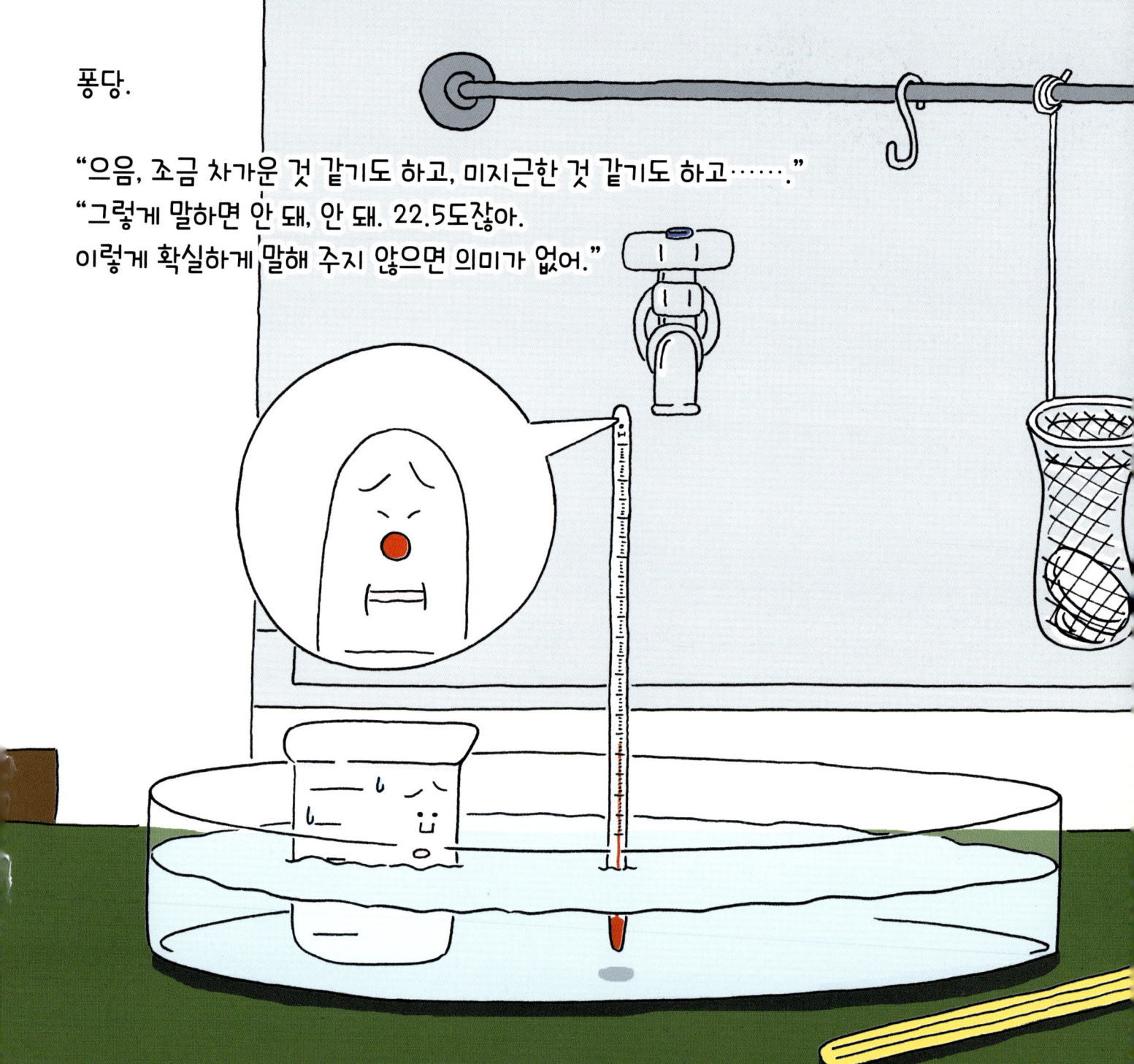

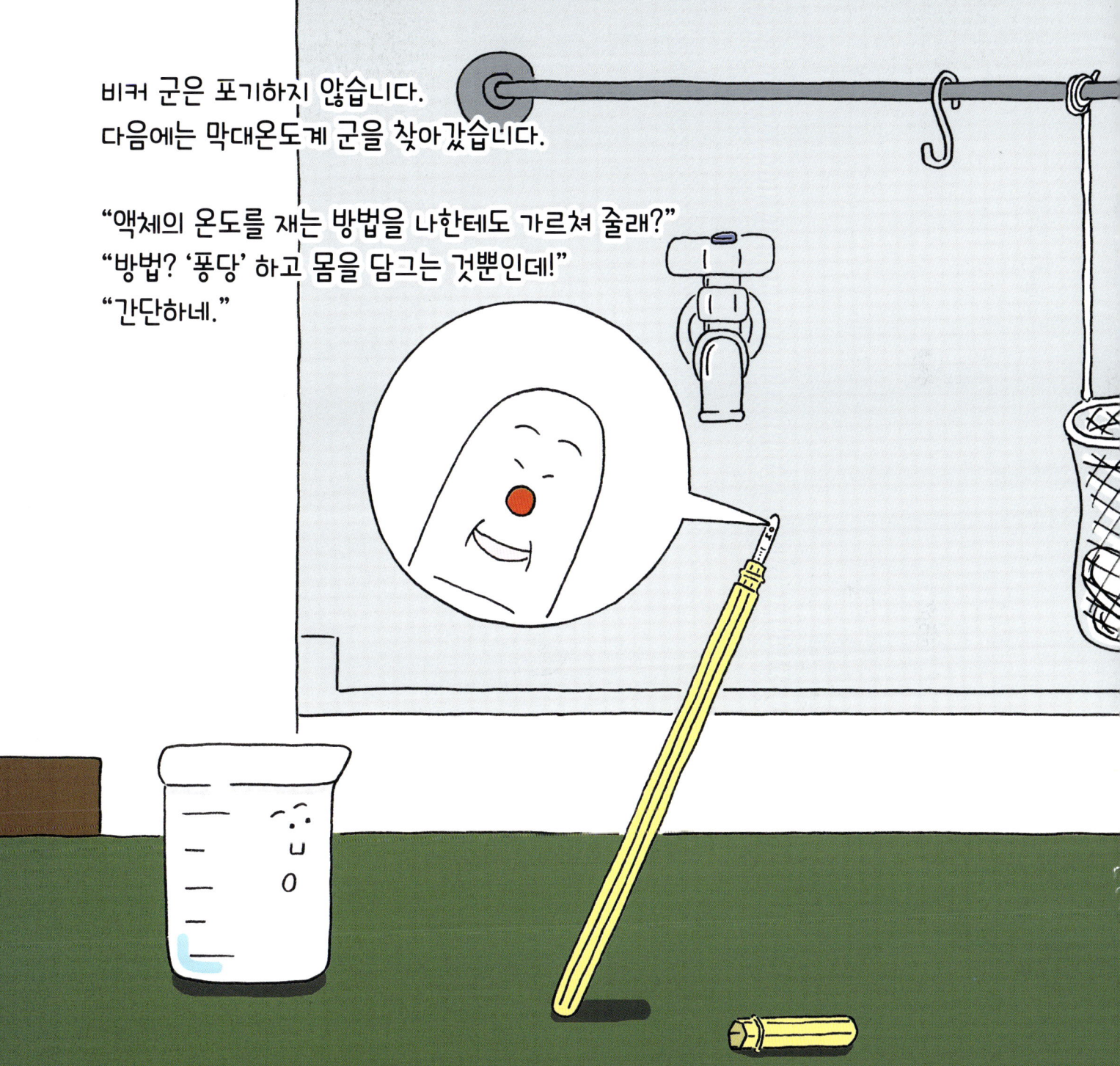

하지만 그 실험 과정은 모두 비커 군이 잘할 수 있는 것들이어서 훌륭하게 해낼 수 있었습니다.

이렇게 비커 군의 활약 덕분에 실험 연습을 무사히 마쳤습니다.

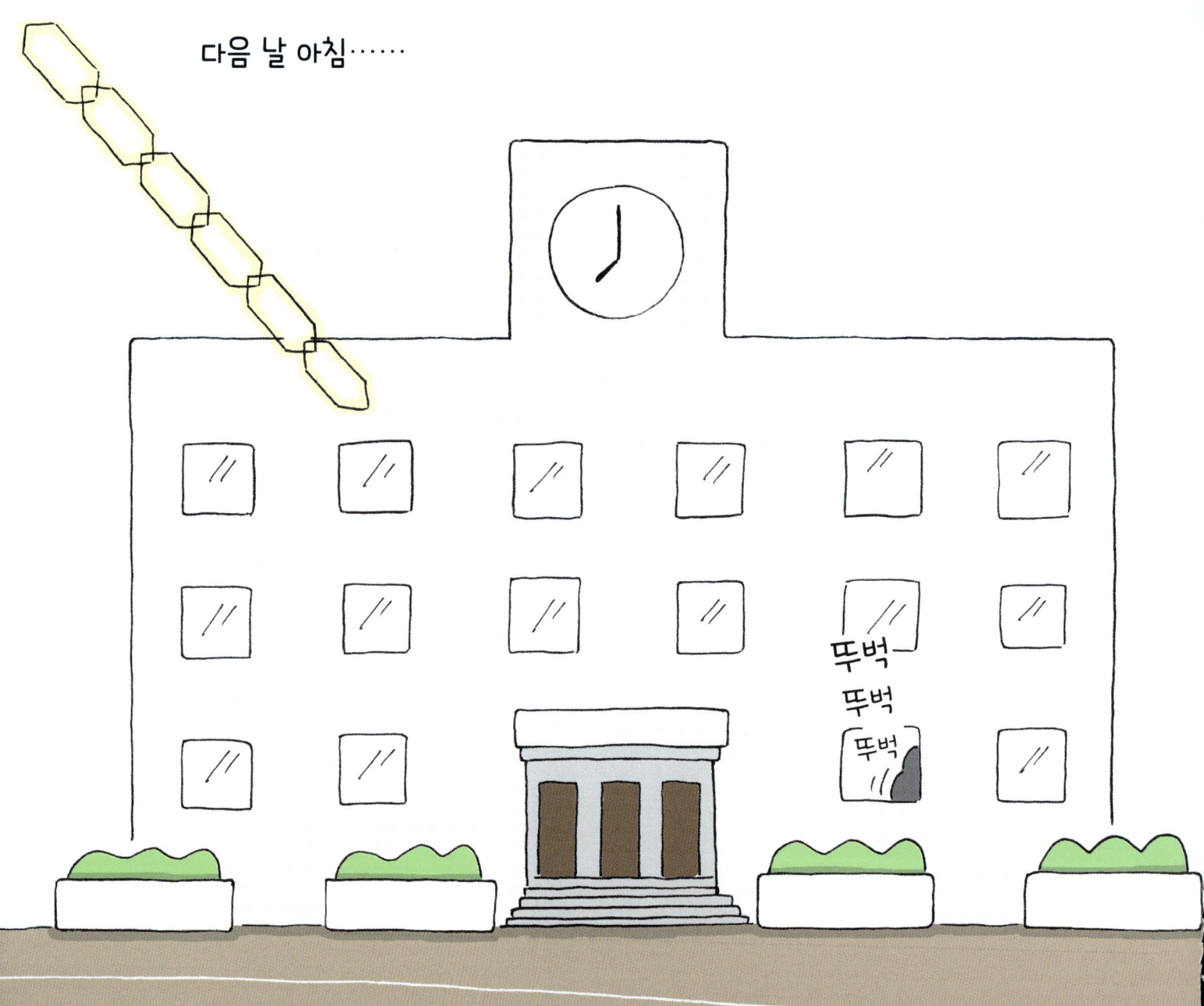

선생님이 과학실로 들어왔습니다.
"자, 그럼 오늘 실험 준비를 시작해 볼까?"

취재 협조

기타구립 오우지 제2초등학교 과학실과 선생님들
신주쿠구립 오치아이 제2초등학교 과학실과 선생님들
요코하마시립 우츠쿠시가오카 초등학교 과학실과 선생님들

Bîkâ-kun to Hôkago no Rikashitsu
Copyright © 2017 by Uehara huhu
First published in Japan in 2017 by Kasetu-sha Co., Ltd., Tokyo
Korean translation rights arranged with Kasetu-sha Co., Ltd.
through Japan Foreign-Rights Centre/Shinwon Agency Co.

- 이 책의 한국어판 저작권은 신원 에이전시를 통해 저작권사와 독점 계약한 한겨레출판(주)에 있습니다.
- 저작권법에 의해 한국 내에서 보호를 받는 저작물이므로 무단 전재 및 무단 복제를 금합니다.

비커 군과 방과 후 과학실

초판 1쇄 발행 2019년 1월 21일 | **3쇄 발행** 2025년 11월 25일

지은이 우에타니 부부 | **옮긴이** 김수현
펴낸이 유강문 | **기획편집** 한겨레아이들 | **디자인** 골무
마케팅 김한성 조재성 박신영 김애린 오민정 우지윤

펴낸곳 (주)한겨레엔 www.hanibook.co.kr | **주소** 서울시 마포구 창전로 70 화수목빌딩 5층
전화 02-6383-1602~3 | **팩스** 02-6383-1610 | **출판등록** 2006년 1월 4일 제313-2006-00003호

ISBN 979-11-6040-223-0 77430

- 값은 뒤표지에 있습니다.
- 이 책의 일부 또는 전부를 재사용하려면 반드시 저작권자와 (주)한겨레엔 양측의 동의를 얻어야 합니다.
- KC마크는 이 제품이 공통안전기준에 적합하였음을 의미합니다.
⚠ 책 모서리에 다치지 않게 주의하세요.

 증발접시 아저씨

 스위치 군

 세척병 군

 송풍기 군

 시계접시 양

 막자사발 군과 막자 군

 연소 전 철솜 군

 판상분동 삼형제

 백엽상 형님

 넓적바닥 플라스크 군

 핀셋 군

 막대자석 군

 플라스크용 브러시 군

 프레파라트 군

 분동 삼형제